PÉTITION A LA CHAMBRE DES DÉPUTÉS

SUPPRESSION

DU

CUMUL LÉGISLATIF

PAR

HECTOR DEPASSE

PARIS
E. DENTU, ÉDITEUR
LIBRAIRE DE LA SOCIÉTÉ DES GENS DE LETTRES
3, PLACE DE VALOIS, 3

1889

SUPPRESSION

DU

CUMUL LÉGISLATIF

PÉTITION A LA CHAMBRE DES DÉPUTÉS

SUPPRESSION

DU

CUMUL LÉGISLATIF

PAR

HECTOR DEPASSE

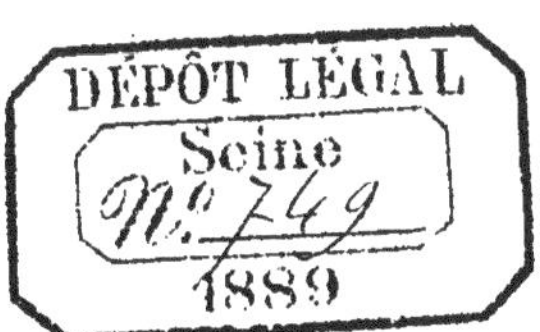

PARIS
E. DENTU, ÉDITEUR
LIBRAIRE DE LA SOCIÉTÉ DES GENS DE LETTRES
3, PLACE DE VALOIS, 3

1889

A M. MÉLINE

PRÉSIDENT DE LA CHAMBRE DES DÉPUTÉS

MONSIEUR LE PRÉSIDENT,

Je vous prie d'excuser la liberté que j'ose prendre de vous adresser, en mon propre et privé nom, une pétition qui touche aux intérêts législatifs et politiques les plus considérables.

Mais, comme l'a établi Le Chapelier devant l'Assemblée Constituante, le droit de pétition est essentiellement individuel; et, bien que je sache que plusieurs sociétés et ligues républicaines, ainsi que des conseils municipaux et généraux sont tout prêts à appuyer cette pétition de leurs vœux, j'ai pensé que les règles parlementaires les plus anciennes et les convenances les plus respectables m'imposaient l'obligation de la signer seul.

Au reste, la signature n'est rien lorsque les raisons sont fortes et décisives; le rôle du nom propre ici est tout simplement de donner à la pétition la forme légale qui doit lui ouvrir accès auprès de la Chambre.

Il a toujours été reconnu que les citoyens qui usent du

droit de pétition n'étaient pas astreints à se renfermer dans le cercle des intérêts privés, mais qu'ils pouvaient porter leurs regards et attirer ceux de la représentation nationale sur les choses de l'administration et du gouvernement et sur les intérêts sacrés de la patrie.

C'est pourquoi, ayant reconnu que notre système électoral, improvisé à la hâte dans les temps de révolutions, présentait des lacunes et des fentes par où s'infiltre la dictature, et qu'un cumul exécrable de mandats législatifs tend à s'établir, en opposition avec les droits du peuple et avec tous les principes du gouvernement représentatif, j'ai l'honneur de demander que les amendements suivants oient ajoutés à la loi électorale, quel que mode de scrutin qu'elle établisse :

1° Un député n'est pas candidat à la Chambre des députés.

Ce qui peut aussi s'exprimer de cette façon, quoique la première me semble préférable :

Un député n'est pas éligible à la Chambre des députés pendant toute durée de la législature dont il fait partie.

2° Le député démissionnaire n'est pas rééligible sous la même législature ni sous la suivante.

3° Tout citoyen éligible ne l'est que dans un seul collège à la fois.

Tel de ces principes est clair et solide comme un axiome. Il ne pourra manquer de frapper singulièrement l'esprit public, lorsqu'il lui sera présenté par un des rapporteurs de la Chambre beaucoup mieux que je ne pourrais le faire et avec toute l'autorité que je n'ai pas.

Depuis près d'une année, je m'efforce de présenter ces vérités sous toutes les faces : à peine quelques échos m'ont répondu, et nous avons vu grandir et se multiplier pendant ce temps-là les triomphes de l'usurpation sur le droit parlementaire et sur le droit du peuple. C'est alors que j'ai conçu l'audace de cette pétition.

Vous trouverez, d'ailleurs, mes trois principes également fondés en droit et en raison, et si bien liés entre eux qu'ils ne peuvent être séparés, lorsque vous daignerez les regarder d'un peu près; et s'il est vrai qu'ils n'aillent point dans la pratique sans quelques difficultés (je le sais et l'avoue), on jugera pourtant, à la réflexion, que leur présence dans la loi est infiniment moins dommageable que leur absence.

Ils ne peuvent gêner que des individus et les prétentions de quelques groupes : les libertés publiques n'en peuvent recevoir aucune gêne, la souveraineté nationale aucune entrave.

Ils seront au contraire une garantie de la liberté, une reconnaissance de l'égalité, une déclaration de droit commun et de sens commun.

Ils arrêteront le développement de certains sophismes parlementaires qui menacent de pervertir tout notre système et de ruiner le gouvernement du peuple.

Ils ne remplaceront pas les mœurs de la liberté, ils ne suppléeront pas à ce qui peut manquer dans l'éducation politique de la démocratie, mais ils aideront à former et l'éducation et les mœurs en prêtant le lustre des lois à des notions d'une justesse incontestable qui deviendront ainsi une lumière pour le public.

Les républicains de 1848 avaient déjà entrevu ces principes, ce qui prouve qu'ils ne ressortent pas seulement d'une circonstance fortuite, mais du fond des choses et que, en toute hypothèse, ils devraient faire partie intégrante de la Constitution d'une démocratie libre.

La question du vote à l'arrondissement ou au département n'est que secondaire : nous sommes destinés à osciller entre les deux et aller de l'un à l'autre suivant les phases de la lune et le flux des marées.

C'est le mode de scrutin qui est empirique : mes principes sont essentiels. J'ose dire qu'il n'y a que ceux-là pour assurer le maintien de la liberté et sauver la souveraineté nationale. On a dit au suffrage universel : « Sois ! » Et il a été. Nous avons oublié de l'organiser. Si nous ne l'organisons pas aujourd'hui, nous ne l'organiserons jamais. Si nous perdons la liberté, nous ne la reverrons pas avant de mourir.

J'ai l'honneur de vous prier respectueusement, Monsieur le Président, d'ordonner le renvoi de ma pétition non pas à la commission nommée chaque mois, mais directement à celle qui est chargée de l'examen du projet de loi relatif au scrutin d'arrondissement.

J'ai cru, en vous exprimant ce vœu, ne rien demander qui ne soit parfaitement conforme au droit parlementaire et à nos traditions de liberté.

Cependant, si j'avais eu le malheur de commettre quelque faute contre les usages et contre le règlement de la

Chambre, si digne d'un respect universel, parce qu'il est la loi intérieure de ceux qui font les lois, je prierai que l'on pardonne à l'inhabileté d'un simple citoyen et que l'on ne ferme pas la porte à une pétition qui se présente tout animée de respect pour le Parlement et de zèle pour la liberté.

Veuillez agréer, Monsieur le Président, l'hommage de mon profond respect.

HECTOR DEPASSE.

5 février 1889.

**

Je joins au texte de cette pétition plusieurs des articles que j'ai publiés dans les journaux de Paris et des départements sur les abus du cumul législatif, depuis le mois d'avril 1888.

J'invite seulement à y jeter les yeux, ceux qui n'auraient pas été convaincus de la justesse de mes revendications par la lecture des pages qui précèdent.

M. Boulanger, député démissionnaire de la Dordogne, venait d'être élu par le département du Nord. Il avait refusé de se présenter devant le congrès républicain, comme aussi de prendre aucun engagement avec les comités radicaux. Le congrès avait repoussé sa candidature par la question préalable.

21 avril 1888.

Dans un système quelconque de gouvernement représentatif, M. Boulanger ne pourrait être considéré comme investi d'une délégation du département du Nord.

Il a ramassé des votes : il n'a pas de mandat, on ne lui en a pas donné et il n'en a pas demandé. Il n'a fait qu'extorquer des voix, sans condition, sans engagement.

Il ne pourra pas aller dire à Lille, comme Gambetta à Belleville : « Notre contrat tient-il toujours? » car, entre les électeurs du Nord et M. Boulanger, il n'a été passé aucun contrat.

Le fait matériel d'avoir enlevé 172,000 suffrages ne remplace pas le contrat consciencieusement débattu et accepté entre le mandataire et les mandants.

C'est assez pour un plébiscite césarien, ce n'est pas assez pour une représentation légitime dans une démocratie libre.

Il n'a pas davantage passé de contrat avec les électeurs de la Dordogne ; c'est pourquoi il a pu leur rejeter à la face les suffrages qu'ils lui avaient imprudemment accordés.

Il pourrait agir de même avec le Nord, si bientôt une élection se présentait à Paris, à la portée de ses convoitises.

J'admire que les députés de l'extrême gauche, comme

MM. Laguerre et Laisant, des « radicaux », qui ont si souvent défendu le principe du contrat et du mandat, même du mandat impératif, se soient faits les promoteurs d'une candidature qui ne repose sur aucun mandat spécifié.

Si la Chambre cassait cette élection pour cause de haute tromperie et félonie envers le suffrage universel, elle serait parfaitement dans l'esprit du régime représentatif démocratique.

Sans doute, la Chambre ne prendra pas cette résolution vigoureuse, mais elle voudra examiner s'il n'y a pas lieu d'introduire des modifications dans notre loi électorale.

Déjà *le Soleil* demande l'abrogation du scrutin de liste, et l'on sait que M. Ribot va déposer un projet de loi pour le rétablissement du scrutin uninominal d'arrondissement.

Pourquoi le scrutin d'arrondissement? La division administrative qui s'appelle l'arrondissement a-t-elle une existence propre et durable? J'en demanderais la suppression, avec un remaniement de la carte départementale, si nous voulions enfin commencer le travail des réformes nécessaires, sans lesquelles la République ne vivra pas.

Au reste, le candidat universel, sans contrat, sans mandat, ne pourra-t-il se donner libre carrière dans les arrondissements comme dans les départements?

Le remède est ailleurs, à mon avis, tout au moins.

L'abus exorbitant, intolérable, contre lequel je m'élève d'abord, c'est l'escamotage du mandat législatif, sollicité de deux côtés à la fois, dérobé par ruse à des départements protectionnistes et à des départements libre-échangistes, à des bonapartistes, à des monarchistes, à des républicains, dans une même élection et à la même heure. Cet acte corrupteur de la souveraineté nationale, si on le laisse se perpétuer, doit amener infailliblement la ruine des libertés publiques et la perte de la démocratie.

Pour y parer, je commencerai par demander deux réformes simplement honnêtes, légales, respectueuses du suffrage universel, en accord avec les principes du gouvernement représentatif.

Que chaque candidat ne puisse se présenter que dans un collège électoral, puisqu'il ne peut prendre d'engagement qu'avec un seul.

Deux engagements différents s'annulent, n'est-ce pas? Et la sagesse des nations a dit qu'on ne sert pas deux maîtres à la fois.

Ensuite que le candidat élu, qui renonce à sa charge, qui a trahi, par cette désertion, une des provinces du suffrage universel, soit déclaré inéligible pour toute la durée de la législature à laquelle il appartenait.

Nous reviendrons sur ces questions, qu'il fallait dès aujourd'hui indiquer d'urgence.

L'important, l'indispensable, c'est que des candidatures plébiscitaires, sans contrat, sans mandat, ne puissent se renouveler pour la confusion et la servitude de la démocratie.

Des républicains de toutes les fractions du parti s'étaient réunis rue Cadet, sous la présidence de M. Clémenceau, assisté de M. Ranc et de M. Joffrin. De cette réunion était née la *Société des Droits de l'Homme et du Citoyen*, qui se proposait deux objets à poursuivre : la guerre au *boulangisme*, par l'effort commun de tous les républicains et par le développement de la politique de progrès et de liberté; ensuite la revision à bref délai de la Constitution de 1875 et de 1884.

Sur le premier objet, nous étions tous d'accord; sur le second, nous étions très divisés.

Je proposais d'ajourner la revision des lois constitutionnelles et d'aborder sans délai la revision des lois électorales qui avaient singulièrement favorisé les débuts du plébiscite boulangiste.

28 mai.

N'est-il pas exorbitant, contradictoire et réellement absurde, comme je le disais au mois d'avril, qu'un député, un citoyen appartenant à la Chambre, y siégeant, y jouissant de tous les pouvoirs et privilèges attachés à la qualité de député, sollicite du suffrage universel le mandat qu'il a déjà ?

Remarquez que ce député ne doit pas même donner sa démission pour se présenter à la députation. Non, il est député, il le demeure, et il demande à être nommé député par un nouveau collège électoral ! Puis, s'il est élu, il se démet de son premier mandat pour conserver le second, ou bien il passe ce second mandat à un camarade pour garder le premier.

Remarquez encore qu'il y a un jour où il est réellement investi de deux mandats, au milieu de tous ses collègues qui n'en ont qu'un, et il réalise cet admirable cumul, le cumul des mandats de représentant du peuple !

Ensuite, vous l'obligez à choisir, à n'en garder qu'un ; et pourquoi ? Si deux, si plusieurs collèges électoraux l'ont élu, c'est sans doute qu'ils veulent l'avoir pour représentant de leur pensée et de leur politique ! Pourquoi exercez-vous sur ce département-ci la tyrannie de lui ôter brutalement son député et accordez-vous à cet autre département la grâce de le lui laisser ?

Nous touchons à la source même du plébiscite ; nous voyons là, dans son germe, le sophisme destructeur de la souveraineté du peuple.

Le César est l'élu de toutes les fractions du suffrage universel, de tous les départements, de tous les arrondissements ; et, détenant tous ses mandats, il les fond et les amalgame en un seul mandat, souverain et transcendant.

Le César, c'est l'unique représentant véritable de tout le peuple. Les députés ne sont plus des députés quand ce député existe. César est le cumulard de tous les mandats.

Ces réflexions passent fort au-dessus de la tête de notre pauvre Boulanger.

Je m'efforce d'exprimer une vérité générale, une vérité de sens commun et de logique universelle, en disant :

Un député ne peut pas être candidat à la Chambre des députés.

Les voix qui se porteraient sur son nom sont annulées et ne figurent pas au procès-verbal.

Le député démissionnaire n'est pas rééligible sous la même législature.

On pourrait ajouter : ni *sous la suivante.*

Car il est encore absurde et outrageant pour la souveraineté du peuple, qu'un député puisse donner sa démission tous les lundis et se représenter tous les dimanches.

Je voudrais que ces principes fussent inscrits dans la loi électorale d'une République parlementaire et démocratique.

J'aurais ainsi écarté l'un des plus graves abus par où peuvent être viciées les élections partielles.

Dans un prochain article, je parlerai des élections générales.

29 mai.

Nous avons dit qu'il est contraire aux principes du gouvernement représentatif, comme à ceux du sens commun, *qu'un député soit candidat à la Chambre des députés.*

Nous avons dit qu'il est non moins contraire au respect de la souveraineté nationale que ce député se démette de son mandat pour solliciter ce même mandat, puis s'en dépouille de nouveau pour le rechercher encore. N'est-ce point une dérision du suffrage universel et une insulte au peuple?

Faire du droit électoral et de l'exercice de la souveraineté du peuple un jeu, n'est-ce point blesser et bafouer la République?

Outre la perte de temps considérable qu'entraînent de tels caprices, — perte de temps pour les électeurs, pour le pays, pour la Chambre ; outre le désordre introduit dans le régime parlementaire, ne voyez-vous point dans ces mœurs politiques un danger réel pour la liberté et pour l'égalité, et l'infatuation de quelques hommes s'élevant au-dessus du suffrage universel?

Vous pouvez imaginer telle hypothèse, où, pendant toute la durée d'une législature, à toutes les élections partielles, vous n'auriez plus à faire qu'à un seul candidat, toujours le même, se renouvelant sans cesse, se présentant partout, et couronné d'une pyramide de mandats superposés !

Non, quand un citoyen est député, il n'est pas candidat à la députation, et quand il se démet de son mandat, il ne doit pas être rééligible pendant un laps de temps que la loi déterminera.

Suivant les mêmes principes, nous demandons qu'aux élections générales chaque citoyen ne puisse être candidat que dans un seul collège électoral, département, arrondissement ou fraction d'arrondissement.

Si la multiplicité des candidatures est bannie de nos mœurs politiques, la question du scrutin d'arrondissement ou de département nous devient indifférente.

Et pourquoi le citoyen éligible serait-il candidat dans plusieurs collèges à la fois, puisqu'il ne peut en représenter qu'un seul après les élections faites? puisqu'il est obligé de donner neuf démissions, s'il a été élu dix fois et que le suffrage universel est réduit à l'humiliation de recommencer les scrutins, perdant ainsi son temps et sa dignité ?

Je sais bien que sous l'Empire, déjà, les Jules Favre, les Ernest Picard, les Jules Simon étaient candidats de plusieurs collèges en même temps, à Paris, à Lyon, à Marseille. C'était une arme de guerre pour renverser, ou tout au moins pour entamer l'empire. C'était une sorte de petit plébiscite, sur les noms de libéraux et de républicains, opposé au gros plébiscite impérial.

Dans une démocratie maîtresse d'elle-même, qui a reconquis ses droits, dans une république où règnent la liberté et l'égalité, ces habitudes sont déplaisantes, inutiles et dangereuses.

Elles ne tendent qu'à créer une aristocratie de candidats, une caste de citoyens *plébiscitables* et de princes du peuple.

Cette multiplicité de candidatures sur les mêmes têtes n'est pas faite pour la nation, pour le pays, pour l'intérêt général ; elle n'est inventée que pour donner des situations prépondérantes à quelques-uns.

Si un honorable citoyen, dont la République a besoin dans son Parlement, vient par malheur à échouer dans le collège unique où il aura le droit de poser sa candidature, sa défaite ne durera pas. Il sera réélu à la première occasion. Son absence momentanée, que je regretterai, n'aura jamais les inconvénients graves que présentent l'abus et l'excès des candidatures menées de front et poursuivies le même jour au Nord et au Midi.

Comme le Parlement tout entier représente le pays tout entier, chacun de ses membres ne représente directement et loyalement que la fraction du suffrage universel qui l'a élu ; par conséquent, inutilité absolue des candidatures multiples.

Ou bien, décrétez donc cette unité de collège, qu'avait préconisée l'esprit absolu d'Émile de Girardin qui voulait que la

France entière fût un seul collège électoral nommant tous ses députés à la fois!

La République sera sage de faire tout l'opposé.

Qu'il soit entendu qu'aux élections générales tout citoyen éligible ne peut passer contrat qu'avec une seule circonscription électorale.

Si plusieurs circonscriptions lui offrent la candidature, il sera obligé de déclarer son choix quinze jours avant l'élection; il optera avant l'épreuve, au lieu d'opter après l'épreuve, et cela sera beaucoup plus moral, plus honnête, plus politique, plus conforme aux principes du gouvernement représentatif.

Voici donc les amendements que je propose à notre loi électorale, amendements qu'il faut ajouter à ceux de mon précédent article :

Tout citoyen éligible ne l'est que dans un seul collège à la fois.

Lorsque plusieurs candidatures lui sont offertes, il opte quinze jours avant l'élection.

Nous avons plus d'une observation à présenter encore ; ce sera pour une autre fois.

4 juin.

Quand nous disons :

1° Tout citoyen éligible ne l'est que dans un seul collège à la fois;

2° Si plusieurs candidatures lui sont offertes, il optera entre elles, quinze jours avant le scrutin;

3° Un député, pendant l'exercice de son mandat, n'est pas éligible à la Chambre des députés ;

4° Le député démissionnaire n'est pas éligible pendant la durée de la législature ni pendant la suivante ;

5° Les voix qui se porteraient sur un candidat placé dans l'une ou l'autre des conditions d'inéligibilité ci-dessus spécifiées, sont nulles et ne figurent pas au procès-verbal;

Quand nous posons ces principes, on nous dit que nous entreprenons de mettre des bornes au libre choix du peuple souverain.

Ce reproche a été adressé à toutes les lois qui ont réglé l'exercice de la souveraineté du peuple, dans l'intérêt de sa souveraineté même; et il a toujours été formulé le plus violemment par les pires ennemis de la liberté.

Est-ce que partout et toujours la loi n'a point fixé des conditions à l'éligibilité et à l'électorat? Est-ce que partout et toujours l'âge, le sexe, le domicile, la moralité, dans sa conception au moins la plus rudimentaire, n'ont pas été regardés comme « des caractères certains, sans lesquels on ne peut être ni électeur ni éligible », ainsi que le disait déjà l'auteur de la célèbre brochure sur le tiers état en 1789?

Toute la question est de savoir si les conditions d'éligibilité et de non-éligibilité sont faites en faveur de la liberté ou contre elle; si elles sont fondées sur la nature même des choses ou sur le caprice.

Or, les conditions que nous avons essayé de définir ne ressortent-elles pas de la nature des choses, du sens commun, de l'équité, autant qu'aucune de celles que le législateur a fixées jusqu'à présent?

N'est-il point dans la nature des choses qu'un député en exercice ne soit pas éligible à cette Chambre dont il fait partie? N'est-ce point là la vérité et n'est-ce point le contraire qui est le caprice? N'est-ce point une fantaisie, une gageure, une infatuation, un défi, que de se présenter pour être nommé député quand on l'est déjà, ou que de jeter à la face du corps électoral son mandat pour le redemander aussitôt?

C'est bien moins l'intérêt général que l'intérêt personnel

qui pousse un citoyen à ce jeu tapageur et à cette comédie insolente sur les tréteaux de la place publique.

De même il est dans la nature des choses, dans l'équité, dans le bon droit démocratique et social, qu'un citoyen éligible ne demande pas de tous les côtés à la fois des procurations différentes, peut-être contradictoires, certainement difficiles à concilier entre elles.

Un candidat qui affecte la prétention de représenter indifféremment le Nord et le Midi, les Flandres et la Gascogne, Lille, Marseille, Bordeaux, Lyon, Carpentras, médite certainement de trahir l'un ou l'autre groupe de ses commettants et probablement de les trahir tous à la fois.

L'unité politique, morale, économique de la France n'est pas telle qu'un seul homme puisse représenter également bien les intérêts de toutes les régions. Entre les différents collèges qui le choisissent, il y en aura assurément plusieurs qui seront sacrifiés; disons qu'ils doivent être sacrifiés tous, moins un, dans la plus favorable des hypothèses. C'est le Parlement qui est seul capable de représenter le pays tout entier et de maintenir entre les intérêts divers l'équilibre le moins défectueux possible.

Les conditions nouvelles d'éligibilité que nous demandons empêchent ce trafic, ces manœuvres, ces trahisons envers la souveraineté du peuple. Elles sont faites contre le développement outré des personnalités ambitieuses. Elles ne sont pas une entrave à la liberté des citoyens, elles en sont la garantie. Certainement si le peuple était plus jaloux de ses droits, plus éclairé sur ses intérêts véritables, nous n'aurions pas besoin de chercher à édicter des règles d'une telle et profonde conformité avec la nature des choses.

Il serait inutile de formuler des principes, si évidents par eux-mêmes que cela paraît une naïveté et un enfantillage de les exprimer avec ce luxe d'argumentation.

On ne songerait pas à inscrire dans la loi : *qu'un député en exercice n'est pas candidat à la Chambre des députés;* pas plus qu'on ne songe à mettre dans le Code que *deux et deux font quatre.*

Dans un état de civilisation démocratique plus éclairée, le député qui solliciterait le même jour deux mandats contradictoires ou qui solliciterait seulement le mandat que déjà il possède, serait enfermé dans une maison d'aliénés, au lieu d'être couronné de fleurs et salué des acclamations du peuple.

On trouverait cet ambitieux scélérat tout aussi fou que cet homme riche qui se prétendait dénué de tout et mourait de faim au centre de ses richesses ; ou que cet autre qui se croyait tout nu et n'osait sortir, alors qu'il était vêtu des pieds à la tête d'un somptueux habillement.

On lui dirait : « Tu es député et tu veux que nous te nommions député ! Tu es tout revêtu de ce mandat, objet de ta folie, et tu prétends que nous devions t'en revêtir ! La seule parure qui te convient est la camisole de force ! »

Mais comme au lieu de cette réponse et de ce raisonnable traitement auquel a droit son extravagance, plusieurs veulent le porter en triomphe et sont prêts à abdiquer leur raison et leur liberté dans les mains d'un inconscient, il faut bien que la loi protège les intérêts permanents du peuple contre l'entraînement passager d'un certain nombre.

31 août.

A la séance du 17 février 1888, M. Le Hérissé, député boulangiste, monta à la tribune de la Chambre, et s'exprima en ces termes :

« J'ai l'honneur de déposer sur le bureau de la Chambre, au nom d'un certain nombre de mes collègues et au mien, une proposition de loi tendant à rendre inéligibles, comme député ou sénateur, en cas d'élections partielles... »

Inéligibles, qui ?

« *Les ministres en exercice ou démissionnaires depuis moins de six mois.* »

Je demande qu'on ajoute : « *les députés en exercice ou démissionnaires...* » et que les délais d'inéligibilité ne soient pas de six mois pour eux, mais s'étendent à toute la durée de la législature dont ils faisaient partie et même à la suivante.

M. Le Hérissé invoquait, en faveur de sa proposition, le respect que tous les républicains doivent avoir pour le suffrage universel, « base de nos institutions démocratiques ».

Il dénonçait, en termes indignés, les abus et la comédie des candidatures ministérielles.

La déclaration d'urgence, demandée par un grand nombre de députés républicains qui ont le boulangisme en horreur : MM. Ernest Lefèvre, Mesureur, Mathé, Tony Révillon, etc... n'échoua que de 18 voix : 221 contre 238.

La proposition de M. Le Hérissé me paraît parfaitement justifiée. Elle ne l'est pas plus que de priver de l'éligibilité pour un temps déterminé le député démissionnaire, ou que de décider que le député en exercice n'est pas éligible une seconde, une troisième, une vingtième, une centième fois à cette Assemblée dont il est membre.

La comédie du député plébiscitaire, élevant candidatures sur candidatures pour monter sur le dos de ses collègues, ses pairs dans le Parlement, et pour escalader le principat, le protectorat, le consulat à vie, est, sans comparaison, plus outrageante que la candidature d'un ministre éphémère qui, n'étant point député, désire l'être.

Nous discutons sur les scrutins de département, d'arrondissement, avec liste ou sans liste, alors que la base territoriale qu'on propose de donner à ces scrutins devrait elle-même être remaniée pour une meilleure administration de la République.

Tel département est trop grand, tel autre est trop petit. Les arrondissements sont menacés dans leur existence par des projets de réformes très dignes de considération.

Et nous ne remarquons pas assez que la mise en œuvre du suffrage universel, quels que soient les cadres, les divisions, les provinces, entre lesquels nous le partagions, est restée jusqu'à présent à la merci de toutes les intrigues.

Le secret du vote, si instamment réclamé par les paysans républicains, n'a reçu lui-même aucune garantie efficace. Les intimidations sont permises, les corruptions tolérées.

Dans les campagnes, les réactionnaires enrégimentent les distributeurs de bulletins, à cent sous par tête, et les envoient voter. Dans telle commune rurale, tous les électeurs gagnent leurs cent sous comme distributeurs et afficheurs. En Angleterre, les agents salariés d'une élection ne peuvent prendre part au vote.

Le suffrage universel a été improvisé : il est demeuré à l'état d'improvisation.

Nous avons dit : « Que le suffrage universel soit! » Et le suffrage universel est né comme la lumière du ciel!

Mais nos lois d'application ne sont pas faites : il faut les faire. La liberté, la loyauté du suffrage n'ont aucune espèce de défense légale. La souveraineté du peuple est livrée au pillage des plus audacieux. Il faut que ce chaos et cette anarchie soient corrigés, ou la République ne durera pas.

1er septembre.

Je trouve, en parcourant les journaux, des observations analogues aux nôtres, dans *l'Indépendant de la Charente-*

Inférieure et dans *le Progrès de l'Est*, de Nancy, sur l'abus des candidatures multiples.

Ces journaux hésitent à se prononcer entre le scrutin de liste et le scrutin personnel, bien que plutôt favorables à celui-ci, si je ne me trompe.

Ils sont sans hésitation sur ce qu'il faut penser du cumul des candidatures briguées par un citoyen, qui ne se soucie pas de remplir son mandat, mais seulement de se mettre en vue et de tenter le plébiscite.

L'Indépendant s'exprime ainsi dans son numéro du 28 août :

Le simple retour au scrutin uninominal ne serait qu'un demi-remède si on n'introduisait pas dans la loi électorale une disposition interdisant la multiple candidature d'un même citoyen. La sincérité du vote, autant que la raison et la justice, exigent qu'il y ait une limite étroite aux droits du candidat ; il ne devrait être permis à celui-ci de briguer les suffrages de ses concitoyens que dans une seule circonscription, c'est-à-dire, pour mieux exprimer notre pensée : l'affichage des professions de foi, la distribution des bulletins et les réunions électorales organisées pour soutenir telle ou telle candidature ne devraient être autorisés que dans une circonscription choisie par le candidat à l'exclusion de toute autre.

Le Progrès de l'Est dit, à la même date :

Il faut reconnaître que, quand dix départements ou dix arrondissements se concertent pour nommer le même député, ils donnent à celui-ci une force trop grande ; ils l'imposent à l'Assemblée, dans laquelle il entre comme le maître de l'action politique; ils violent le principe d'égalité qui veut que toutes les circonscriptions électorales aient les mêmes droits.

On ne permettrait pas à une circonscription qui n'a droit qu'à un député, d'en élire deux. On ne doit pas lui permettre un dédoublement analogue par voie détournée.

Le même candidat ne pourra se présenter que dans une seule circonscription à la fois. Il est puéril d'admettre, dans une Chambre dont tous les membres doivent être égaux, deux catégories de députés, les uns ayant été élus par dix collèges, les autres par un seul.

Des démocrates farouches comme Rochefort, des égalitaires forcenés comme Laguerre et Laisant comprendront cela sans qu'on y insiste.

Que la Chambre au moins le comprenne, si MM. Laguerre et Laisant ne le comprennent pas.

L'opinion de *l'Indépendant* et du *Progrès de l'Est* est partagée, nous en sommes convaincu, par tous les journaux républicains des départements.

Les départements sont plus frappés que Paris d'un abus qui les oblige à recommencer les mêmes élections sur de nouveaux frais, et qui les livre au caprice de quelques individus.

Par le caprice de M. Boulanger, le département du Nord, exténué d'élections depuis 1885, a été obligé de recommencer un scrutin inutile, et la Somme et la Charente-Inférieure devront recommencer encore, lorsqu'il aura plu à M. Boulanger de donner sa démission de deux mandats sur trois.

Si la Chambre ne met pas un terme à ces fantaisies tyranniques, alors je fais une autre proposition.

Que le député plusieurs fois nommé reste investi de ses multiples mandats, triple, quadruple, quintuple député, s'il est trois, quatre ou cinq fois élu!...

Qu'on lui donne cinq sièges à la Chambre, qu'on lui mette cinq bulletins dans les mains! Qu'il remplisse en un mot tous les mandats qui lui ont été confiés par des collèges égaux et libres!

Pourquoi l'obligez-vous à démissionner, si vous ne croyez pas avoir le droit de l'empêcher d'être candidat en autant de collèges qu'il voudra l'être?

Cette démission forcée soulève autant et plus d'objections

théoriques que le projet de limiter au préalable la capacité électorale du candidat.

Le Nord, la Somme et la Charente-Inférieure adorent également M. Boulanger. Ils l'ont nommé tous trois avec un égal droit et un égal amour. Ils ont voulu tous trois l'avoir pour député. Pourquoi vous mêlez-vous de le ravir à deux départements que vous obligerez à voter pour quelqu'un qui ne sera plus M. Boulanger, et comment auriez-vous le pouvoir de ramener celui-ci à la simplicité de mandat si vous n'avez pas le pouvoir de l'obliger d'abord à la simplicité de candidature ?

Les candidatures accumulées doivent avoir pour conséquence l'accumulation des mandats.

Ou multiplicité des mandats ou unité de candidature : choisissez !

10 septembre.

M. Noellat, rédacteur en chef du *Progrès de la Côte-d'Or*, nous donne aussi l'adhésion de son jugement si droit et de sa profonde expérience politique.

21 septembre.

L'abus des candidatures multiples a laissé jusqu'à présent dans une complète indifférence tous les journaux de Paris qui cherchent avec le plus de zèle les moyens de réfréner les entreprises plébiscitaires et boulangistes.

Cet abus exorbitant, violation de tous les principes du régime représentatif et de la République démocratique et parlementaire, source immédiate et certaine de la dictature, n'a pas frappé, paraît-il, ceux qui tiennent le plus à la forme rigoureuse du mandat, qu'ils voudraient impératif.

Ils n'ont pas daigné remarquer que cette multiplicité des candidatures sur une seule tête — qu'ils approuvent bien évidemment et qu'ils justifient par leur silence — est exclusive de tout contrat régulier et de tout mandat défini ; qu'il est impossible à un homme de représenter également bien un département du Nord et un département du Midi, une région libre-échangiste et une région protectionniste, un collège agricole et un collège industriel, et qu'il veut certainement trahir les uns ou les autres, à moins qu'il ne trahisse à la fois tous ses mandants.

Ils souffrent un système aussi immoral qu'impolitique, destructeur de toute notion de mandat, et ils demandent l'application du mandat contractuel ! Ils laissent s'établir un pareil cumul politique, et ils protestent furieusement contre le cumul des débits de tabac !

La loi incomplète et contradictoire a empêché dans la Chambre la multiplicité des mandats législatifs dans les mêmes mains, alors qu'elle n'a rien fait encore pour empêcher la débauche des brigues multiples dans l'élection.

Il suffirait pourtant que deux ou trois candidats, plusieurs fois élus, vinssent successivement opposer à la Chambre leur parti pris de ne pas se démettre eux-mêmes de tous leurs mandats moins un, pour que l'anarchie d'un pareil système éclatât bientôt à tous les yeux.

Cela peut arriver un jour et, comme toujours, on songera à remédier au mal lorsque le mal sera devenu mortel.

Il y a, à notre connaissance, dans les départements du Nord, de l'Est et de l'Ouest, cinq journaux qui nous approuvent et qui demandent avec nous un empêchement légal à l'abus des candidatures multiples.

Je me suis trouvé un autre auxiliaire : il n'est rien moins que l'auteur de *la Capacité politique des classes ouvrières*. Son argumentation formidable s'abat comme un coup de massue sur le crâne de tous les prôneurs de contrat, de mandat et de suffrage direct, qui exploitent supérieurement le système des candidatures multiples :

« ... Qu'est-ce que cette pluralité de candidatures, sinon « une promiscuité au moyen de laquelle on confond tout, loca- « lités, opinions, intérêts? Appelez-vous suffrage direct le « suffrage donné par dix mille communes séparées de mœurs, « de territoire, d'affaires, d'idées même, à un individu qui « leur est étranger à toutes, qui ne les intéresse et ne les « représente qu'au point de vue d'un sentiment passager ou « d'une fantaisie de circonstance? Pour que le suffrage soit « direct, il ne suffit pas qu'il soit décerné directement de « l'électeur à l'élu; il faut qu'il représente non moins direc- « tement des opinions, des droits, des intérêts et des affaires : « car un État, une société, ne se compose pas uniquement de « volontés, il se compose aussi de choses.

« Cette manière de pratiquer le suffrage universel est la « violation du principe démocratique; elle est l'achemine- « ment le plus sûr à la monarchie, ce qui n'arriverait certai- « nement pas si les votes étaient, comme ils devraient être, « véritablement directs... »

J'ajoute cet argument à tous ceux que j'ai développés dans ces dernières semaines et je me permets de le recommander surtout à l'attention des démocrates les plus avancés.

21 septembre.

La discussion est engagée un peu partout sur la question du renouvellement partiel.

M. Henry Maret dans *le Radical*, M. Louis Liévin dans *la France*, MM. Millerand et Pichon dans *la Justice*, exposent leurs divers points de vue, dont plusieurs sont intéressants.

Nous ne voulons, pour aujourd'hui, présenter qu'une seule

observation à ce sujet : c'est que la question du renouvellement partiel n'a aucun rapport avec les élections de 1889, qu'elle ne touche pas au prochain scrutin, qu'elle lui demeure entièrement et absolument étrangère.

Si le renouvellement partiel est voté, il s'appliquera à la prochaine Chambre, mais c'est cette Chambre qu'il faut d'abord créer d'un seul coup et en bloc, et c'est là l'opération capitale qui réclame toute votre puissance d'attention.

Que cette prochaine Chambre ait une forte constitution républicaine : les renouvellements ultérieurs ne donneront que d'heureux résultats; mais si par hasard elle était une mauvaise Chambre, le mode de renouvellement partiel ne ferait que perpétuer le malaise.

Songez donc avant tout à ces prochaines élections générales! songez-y sans cesse! préparez-les jour et nuit! Elles décideront de la suite des événements.

C'est pour le scrutin de 1889 qu'il nous faut la loi électorale la meilleure et la plus complète, la plus propre à assurer la libre et véridique expression de la volonté nationale, en écartant les brigues césariennes et ces candidatures plébiscitaires, sans moralité, sans contrat, sans mandat!

Une vacance s'étant produite dans la représentation de la Seine par la mort de M. Hude, le député du Nord, le député démissionnaire de la Dordogne, de la Charente-Inférieure, de la Somme, a posé sa candidature à Paris.

21 janvier 1889.

M. Boulanger adresse une proclamation aux « ouvriers de la Seine ». Il invoque le témoignage des mécaniciens de Lille, des filateurs de Roubaix, des mineurs de Valenciennes, des pêcheurs de Dunkerque, qui, tous, ont acclamé en lui « un des leurs ».

Il a tissé en effet bien des trames, creusé bien des mines et des contremines et péché bien des suffrages dans ses filets.

Mais il n'a pas montré plus d'assiduité dans la discussion des lois économiques et ouvrières, que dans la discussion de la loi militaire. On compte par douzaines ses abstentions dans les scrutins sur les projets de loi relatifs aux accidents des ouvriers et au travail des femmes et des enfants dans les manufactures, sans pouvoir découvrir de lui un seul vote.

M. Boulanger dit qu'il méprise le Parlement et qu'il ne veut pas alimenter de ses votes une institution destinée à une mort prochaine.

Mais il profite étrangement des licences parlementaires, lorsqu'il brigue le mandat de député de Paris, étant député du Nord.

Lui permettrez-vous de soutenir ce rôle de candidat perpétuel, qu'on élit inutilement, qui demeure toujours candidat, quoique député cinq fois nommé?

Les plus aveugles ne verront-ils pas que c'est un dictateur qu'on présente à leurs suffrages et non pas un candidat député, puisqu'il ne peut déjà pas être plus député qu'il ne l'est?

23 janvier.

Nous répétons ce que nous avons dit en vain, il y a longtemps déjà, nous répétons que cette brigue incessante d'un député qui ambitionne tous les jours de nouveaux mandats législatifs et cette agitation intolérable qu'il entretient autour de sa personne auraient dû et pu être empêchées par les lois d'un régime parlementaire et démocratique bien compris.

Quelques échos des départements nous ont à peine répondu. Il est vrai, néanmoins, que ce que nous voyons, ce n'est pas le régime parlementaire, c'est tout le contraire.

Jamais homme n'a plus exploité les abus singulièrement irritants, les lacunes, les oublis de notre organisation politique.

Combien de fois faudra-t-il répéter encore que c'était une dérision du suffrage universel et une moquerie de tous les principes du gouvernement démocratique que cette prétention d'un député à de nouveaux mandats de député, accumulés les uns sur les autres, sans fin et sans raison? Il fallait empêcher cela, et ce n'était pas difficile.

24 janvier.

Il semble que le vice d'une législation parlementaire qui permet à un député de solliciter ce mandat dont il possède déjà l'entière et pleine jouissance, ait commencé à frapper l'opinion. On trouve quelques traces de réflexion à ce sujet dans les journaux de Paris. Ce n'est pas notre faute si la question n'a pas été posée nettement depuis plus de dix mois.

Pour comprendre combien cet abus est criant, il suffit d'envisager l'hypothèse de l'élection de M. Boulanger à Paris.

Le 28 janvier, le candidat des réactions coalisées serait donc député de la Seine et député du Nord, et c'est en cette double qualité qu'il viendrait siéger à la Chambre, ce qui nous paraît parfaitement absurde.

Alors, si M. Boulanger nous faisait la grâce de se démettre du mandat parisien qu'on aurait eu la folie de lui décerner, il nous faudrait recommencer une nouvelle élection à Paris, avec tout ce qu'elle entraîne d'agitation, de gâchis, de souffrances pour les affaires, de dépenses stériles, quand la campagne se passe dans de telles conditions.

Ou bien le candidat perpétuel et universel se démettrait de son mandat du Nord, et c'est ce grand département, si éprouvé, si indignement traité et joué par la réaction, qui aurait encore une élection à entreprendre.

Un troisième cas peut se présenter : M. Boulanger, se moquant jusqu'au bout du suffrage universel et de tous les principes du gouvernement démocratique, n'opterait pas entre ses deux mandats et les garderait l'un et l'autre.

Pourquoi non ? Il dirait à la Chambre : « Débrouillez-vous ! Tranchez vous-même la question ! Je ne saurais choisir. » — Et c'est la Chambre qui aurait à décider si M. Boulanger restera député du Nord ou député de la Seine, et lequel de ces départements sera convoqué pour une nouvelle épreuve électorale.

Ces diverses absurdités, entre lesquelles vous pouvez imaginer celle qui vous plaît le mieux, seraient encore les moindres des embarras qui suivraient l'élection de M. Boulanger à Paris.

Que les citoyens se mettent en mouvement, organisent des réunions, combattent de leur argent, de leurs votes et de leurs discours pour la liberté ; qu'ils prennent en mains la défense de leurs droits avec toute l'animation et l'énergie dont ils sont capables, c'est très bien : ce peuple-là ne se laissera pas facilement confisquer et mâter.

Mais si la République ne donne pas aux citoyens pour leur défense l'appui de ces lois parfaitement légitimes et sensées qui nous manquent, elle commettra une faute impardonnable.

Il n'est pas bon qu'un peuple libre puisse penser que les lois lui font défaut, et que les ambitieux peuvent impunément se moquer de lui.

30 janvier.

Paris a élu député le député du Nord.

« Si la République ne donne pas aux citoyens pour leur défense l'appui de lois parfaitement légitimes et sensées qui nous manquent, elle commet une faute impardonnable. Il n'est pas bon qu'un peuple libre puisse penser que les lois lui font défaut et que les ambitieux peuvent impunément se moquer de lui. »

Nous reprenons textuellement ce passage de notre article du 24 janvier.

N'est-il pas absurde qu'un député puisse solliciter des électeurs un mandat que déjà il possède pleinement et tout entier ?

N'est-il pas absurde qu'un député puisse se démettre de son mandat tous les huit jours, avec la faculté de redemander ce mandat la semaine suivante ?

N'est-il pas contraire à tous les principes du gouvernement démocratique représentatif qu'un candidat puisse se présenter à la fois dans un nombre indéterminé de collèges électoraux, ayant chacun leurs intérêts et leurs besoins, et qu'il promette à tous de les satisfaire également ?

L'origine du plébiscite et le berceau de la dictature, les voilà !

Depuis un an je n'ai cessé de signaler les lacunes d'une législation électorale qui doit, à un moment donné, avec M. Boulanger ou un autre, produire tout naturellement le pouvoir d'un seul.

Si les pouvoirs républicains maintiennent précieusement une législation qui autorise et consacre toutes les absurdités, je ne m'étonne pas qu'une partie des électeurs commette à son tour cette absurdité de nommer député un homme qui l'est déjà, et lui confère quarante-cinq mandats quand il n'en peut exercer qu'un.

Je me fâche beaucoup moins contre Paris que contre un Parlement qui, ayant charge de faire les lois, les laisse dans un tel état inorganique; et contre un gouvernement qui, ayant charge de prévoir, se laisse tous les jours distancer par les événements.

7 février.

La commission chargée de l'examen du projet de loi sur le scrutin d'arrondissement s'est constituée : elle a nommé président M. Gomot; secrétaire M. Hubbard.

Nous ne pouvons étonner ni froisser personne en disant que les républicains des départements, la presse du Nord et du Midi et la grande majorité des conseils généraux, dont on a invoqué le témoignage à la tribune, ressentent le plus vif désir de voir cette discussion menée rapidement par la commission et par la Chambre. Ils ne sont point formalistes ; peu leur importe que l'urgence soit prononcée ou non dans les formes, pourvu que, sans retard inutile, on sache comment on votera cette année.

Le projet du gouvernement est très simple, très clair, il a été presque universellement demandé ; l'opinion, on peut le dire, le regarde comme à moitié voté déjà, et si, par un accident parlementaire, il venait à être repoussé, la déception, le trouble seraient grands dans le pays.

Mais ce projet qui rétablit purement et simplement le scrutin d'arrondissement tel que nous l'avons connu autrefois, est-il complet ? Nous donnera-t-il un système électoral tout à fait satisfaisant ? Nous ne le pensons pas.

On sait parfaitement qu'aucune loi n'échappera jamais à tout reproche d'empirisme et que la seule garantie solide de la liberté se trouve dans les mœurs et dans le bon gouvernement.

Les lois ne donneront jamais que ce que peut donner lui-même le gouvernement qui les applique, et le gouvernement, à son tour, ne donne que ce que le pays lui prête.

Toute cette philosophie politique n'excuse pas dans les lois certains vices trop criants que l'on conserve par la seule paresse d'esprit que l'on éprouve à les corriger.

Nous posons pour la centième fois cette question qui devrait être résolue depuis le mois de mai de l'année dernière : N'est-ce point un abus intolérable qu'un député en exercice, jouissant de tous les droits, fonctions et privilèges que son mandat lui confère, s'en aille demander à l'une des provinces quelconques du suffrage universel ce mandat qu'il exerce déjà et possède pleinement? Il est député, il le demeure, et il veut qu'on le crée député! Il fait partie de la représentation nationale et il demande qu'on le nomme à cette représentation nationale dont il est!

Sans doute, si le suffrage universel avait une éducation politique plus forte, s'il avait le sentiment plus réfléchi de sa dignité et de sa liberté, la question ne se poserait pas. Une telle dérision du suffrage et une moquerie si outrée du droit parlementaire seraient impossibles. Mais, lorsque les mœurs ne suppléent pas aux lois, les lois ne peuvent-elles rien faire pour éclairer et guider les mœurs?

Il nous semble donc parfaitement légitime et nécessaire de donner force de loi à ce principe de sens commun qu'un député n'est pas candidat à la Chambre des députés.

Mais il est toujours citoyen et l'on nous répond que nous voulons le dépouiller d'un de ses droits essentiels? Il est citoyen assurément, il l'est avec un caractère propre et une situation spéciale, à ce point qu'il est inviolable. Si nous déclarons que le citoyen député, en exercice et en fonctions, n'est pas éligible une seconde, une troisième, une cinquième fois à cette Assemblée dont il est membre, nous ferons tout simplement une loi d'équité et d'égalité!

Je n'hésiterai pas à pousser plus loin et à dire que si ce député, pour échapper au joug de la loi et poursuivre la recherche effrénée des mandats législatifs partout où ils deviennent vacants, veut donner sa démission tous les samedis et se représenter tous les dimanches, la loi doit aussi l'empêcher.

Le député démissionnaire ne sera pas rééligible sous cette législature dont il s'est volontairement séparé.

La pratique légitime du droit parlementaire ne s'accommode pas de ces fantaisies qui sont une insulte au Parlement et une insulte au peuple.

Nos amendements ne peuvent gêner que des individus : ils ne peuvent qu'aider à la liberté et servir le pays. Ils sont bons avec tout mode de scrutin, en tout temps, sous tous les régimes parlementaires. Ils n'ont pas une valeur de circonstance, mais une valeur générale.

Les deux articles de loi qui déterminent la situation du député, qui fixent son mandat et son devoir, ont pour complément naturel le troisième article : « Le citoyen éligible ne l'est que dans un seul collège à la fois. »

Les votes donnés et prostitués à un citoyen publiquement connu comme inéligible sont nuls. Ils ne figurent pas au procès-verbal. Le pays les ignore.

A bas le cumul législatif!

A bas le monopole des mandats!

De deux choses l'une, ou vous adopterez ces principes ou le monstre du césarisme vous dévorera.

Ce n'est rien de modérer, de réfréner le colportage, si on le peut de nos jours, de mesurer à chaque candidat sa place au soleil sur les murailles publiques, de poursuivre la brigue et la corruption qui sont des crimes dans un pays de suffrage universel. Le crime est tel que des théoriciens l'ont en principe déclaré impossible, proclamant qu'on ne pouvait corrompre le souverain.

Quand vous aurez édicté toutes ces lois, je dis que rien ne sera fait si vous laissez se perpétuer les abus des candidatures accumulées et des mandats législatifs monopolisés par le plus ambitieux ou le plus riche.

C'est là que se trouve la vraie question, la seule question ; tous les efforts à côté sont en pure perte. Là est l'origine du plébiscite césarien, c'est là qu'il faut viser,

Les amendements que nous proposons ne sont pas de la catégorie des lois somptuaires, dont on a fait un sujet de raillerie dans tous les temps. Ce sont des lois de droit commun, des lois de raison, d'équité, d'égalité.

Un député n'est pas candidat à la Chambre des députés. S'il se sépare de la Chambre volontairement, par un ambitieux caprice, il ne pourra rentrer que dans la suivante. Un citoyen ne pourra pas solliciter le même jour dix mandats, puisqu'il n'en peut exercer qu'un.

Voilà les réformes que conçoit la raison publique ! Les autres ne sont que des produits plus ou moins heureux de l'imagination individuelle.

A bas le cumul législatif !

A bas le monopole des mandats !

Paris. — Soc. d'Imp. PAUL DUPONT, 24, rue du Bouloi (Cl.) 253.2.89.

SOCIÉTÉ D'IMPRIMERIE PAUL DUPONT (Cl.) 253.2.89.

www.ingramcontent.com/pod-product-compliance
Ingram Content Group UK Ltd.
Pitfield, Milton Keynes, MK11 3LW, UK
UKHW021116230726
13926UKWH00002B/516